Ben en

la planche à neige

. persévérance*.

À Benjamin, mon garçon, qui a persévéré dans l'effort malgré des difficultés d'apprentissage pour réussir sa première année. Bravo!

Maman xxx

md

Ce matin,
Ben est en forme.

Je vais apprendre la planche à neige !
dentifrice

Ben rassemble
ses vêtements.

Ben est prêt !

Oups ! J'allais oublier mon casque.

Ben tente une
première descente.

Ben, sois prudent ! Ne va pas trop vite !

La planche dérape
et Ben tombe !

Ben, es-tu blessé ?
Non, ça va.
J'ai mon casque !

Ben fait un autre essai
et tombe encore.
Il pleure.

Je n'y arriverai jamais.
C'est trop difficile !

Virgil dépose la trousse
de premiers soins
devant Ben.

Aide Ben à choisir un
mot de la trousse qui
lui permettra de réussir.

Trousse de
premiers soins
suivre les instructions
créativité*
autonomie*
persévérance*

Ben choisit
la persévérance*
et se relève.

Je vais probablement tomber encore, mais je continue même si c'est difficile !
persévérance*
Trousse de premiers soins
Suivre les instructions
créativité*
autonomie*

Ben entreprend*
une autre descente
et réussit.

Je fais de la planche à neige !

Grâce à la persévérance*,
Ben fait de la planche à neige !
Il est vraiment fier de lui !

Questions :

1. De quelle couleur est la tuque de Théo ?

2. Qu'est-ce que Ben a presque oublié avant de sortir de la maison ?

3. Pourquoi Ben pleure-t-il ?

4. Qu'est-ce que Ben fait pour réussir ?

5. Qu'aurais-tu choisi dans la trousse de premiers soins de Ben ? Pourquoi ?

Définitions :

* Autonomie :
  Capacité d'accomplir quelque chose sans aide.
* Créativité :
  Imagination, capacité d'inventer.
* Entreprendre :
  Commencer quelque chose.
* Persévérer :
  Continuer ce que l'on fait même si c'est difficile.

Réponses :

1. La tuque de Théo est verte.
2. Ben a presque oublié son casque.
3. Ben pleure parce qu'il est triste de ne pas réussir.
4. Ben a persévéré.
5. Les réponses positives appuyées par des arguments cohérents sont bonnes.

Ben entreprend*

la glissade

. ténacité*.

Ben et Théo se préparent pour la nuit.

J'aimerais aller glisser au Morne demain.
20:00
Bonne idée, Ben !

Ben et Théo s'endorment rapidement.

ZZZZ
ZZZZ
21:00
ZZZZ

La recette de frappé aux fruits et aux légumes verts de Julie est très bonne !

Moi, je préfère le frappé aux petits fruits rouges.
Mange bien, Théo. Nous aurons besoin de beaucoup d'énergie.

C'est l'heure de partir, Théo. Julie nous attend au Morne.

Je suis contente de vous voir. Allons-y !

Après quelques courtes descentes, Ben propose de se rendre au sommet pour faire une très longue descente.

Essayons !

C'est beaucoup plus long que je pensais...
Je tombe toujours et c'est difficile de traîner la soucoupe. On redescend ?

Désolé ! Je n'avais pas réalisé que ce serait si difficile.

Je ne peux pas croire que nous avons fait tous ces efforts pour abandonner avant le sommet...

Aide Ben à choisir un mot qui lui permettra d'atteindre le sommet.

CRÉATIVITÉ*
TÉNACITÉ*
COURAGE*

Ben choisit la ténacité.
Il veut atteindre le sommet
même si c'est difficile.

Nous allons atteindre le sommet un pas à la fois. Il suffit de maintenir un bon rythme* et nous y arriverons !
TÉNACITÉ*
COURAGE*
CRÉATIVITÉ*

La montée m'a demandé beaucoup d'énergie, mais ça valait vraiment le coup.

Après une montée très difficile, les efforts de Julie, de Ben et de Théo sont récompensés !

Avez-vous remarqué la vue de là-haut ?
Merci, Ben, de nous avoir encouragés à continuer !

Grâce à la ténacité,
Julie, Ben et Théo ont
atteint le sommet et fait
une très belle glissade !

Questions :

1. De quelles couleurs sont les soucoupes de Julie, de Ben et de Théo ?

2. Quel est le nom de la montagne où glissent les amis ?

3. Qu'est-ce que Ben propose de faire pour atteindre le sommet ?

4. Es-tu tenace, parfois ? Partage un exemple de ténacité.

5. Qu'est-ce que Ben et Théo ont mangé pour déjeuner ?

Définitions :

* **Courage :**
  Capacité à surmonter sa peur, force de caractère devant un danger.

* **Créativité :**
  Imagination, capacité d'inventer.

* **Entreprendre :**
  Commencer quelque chose.

* **Rythme :**
  Cadence, vitesse à laquelle on accomplit quelque chose.

* **Ténacité :**
  Capacité de ne pas renoncer même si c'est difficile, persévérance.

Réponses :

1. La soucoupe de Julie est rouge, celle de Ben est bleue et celle de Théo est jaune.
2. Le nom de la montagne où glissent les amis est le Morne.
3. Ben propose d'être tenace et de poursuivre un pas à la fois pour atteindre le sommet.
4. Les réponses positives appuyées par des arguments cohérents sont bonnes.
5. Ben et Théo ont mangé des céréales avec un frappé aux fruits et aux légumes verts.

Ben entreprend*

une partie de hockey

. partage*.

C'est samedi et de beaux flocons de neige tombent du ciel. Ben cherche une activité pour occuper la journée.

J'ai trouvé ! Je vais jouer au hockey.
6:55
Z Z z z

Théo, réveille-toi, nous allons jouer au hockey ! Je vais appeler Julie.

J'aimerais dormir encore un peu, c'est la fin de semaine après tout... Il est un peu tôt pour appeler Julie, non ?
6:57

Julie, c'est Ben. Théo et moi allons jouer au hockey. Viens-tu avec nous ?

Ben, il est 7 heures du matin...

Excuse-moi, je n'avais pas réalisé qu'il était si tôt ! Alors, tu viens ?
D'accord. Je déjeune et j'arrive.
Génial ! Je m'occupe de tout !

Ben enfile* son chandail de hockey, installe le but et pousse la neige à l'aide d'une pelle pour créer un bel espace de jeu.

Je suis prêt !
Mais où est votre équipement ?

Ben, tu m'as dit au téléphone que tu t'occupais de tout. Je n'ai rien apporté.
travail d'équipe

Et moi, je n'ai pas d'équipement à part mon bâton...
Vous n'avez même pas de patins ! Comment allons-nous jouer ? Oubliez ça, nous allons devoir trouver une autre activité. J'ai fait tout ce travail pour rien...

Virgil tente de retenir Ben.
Il tire tellement fort sur
son sac que l'équipement
de Ben tombe dans la neige.

Regarde ce que tu as fait. Je vais devoir tout ramasser !
travail d'équipe*
partage*
autonomie*

Aide Ben à choisir ce qui
lui permettra de jouer
au hockey.

partage*
équipe*
autonomie*

Ben choisit le partage.

Et si je partageais mon équipement ? De cette façon, nous pourrions tout de même jouer...

Ben prête ses gants à Julie et son casque à Théo, et il leur annonce qu'ils joueront avec leurs bottes ! Pour le reste de l'équipement, ils devront être créatifs...

Je vais aller chercher les casques de planche à neige...
partage*
travail d'équipe*
autonomie*

Avez-vous vu ce bel arrêt ?
Bravo, Théo !

Ça fait du bien de jouer dehors ! Tu as eu une bonne idée, Ben. Merci d'avoir partagé ton équipement avec nous !
J'adore le hockey moi aussi !
10

Grâce au partage*,
Julie, Théo et Ben ont profité
de cette belle journée d'hiver !

Questions :

1. Où la partie de hockey a-t-elle lieu ?

2. Qui trouve qu'il est trop tôt pour jouer au hockey ?

3. Pourquoi Ben veut-il annuler la partie de hockey ?

4. Qu'est-ce que Ben choisit dans son sac pour réussir à jouer au hockey ?

5. Que penses-tu du partage ?
   Te souviens-tu d'une situation où tu as eu à partager ?

6. Quel numéro y a-t-il sur le chandail de Ben ?

Définitions :

* Autonomie :
  Capacité d'accomplir quelque chose sans aide.

* Enfiler :
  Mettre un vêtement sur soi.

* Entreprendre :
  Commencer quelque chose.

* Partage :
  Fait de donner à quelqu'un une partie de ce qui est à soi.

* Travail d'équipe :
  Fait de réaliser un projet en groupe, en travaillant ensemble.

Réponses :

1. La partie de hockey a lieu devant la maison de Ben et de Théo.
2. Julie et Théo trouvent qu'il est trop tôt pour jouer au hockey.
3. Parce que Julie et Théo n'ont pas d'équipement.
4. Ben choisit le partage et prête une partie de son équipement.
5. Les réponses positives appuyées par des arguments cohérents sont bonnes.
6. Sur le chandail de hockey de Ben, il y a le numéro 10.